CONTRIBUTION A L'ÉTUDE

DE

L'AMPUTATION

INTERSCAPULO-THORACIQUE

PAR

Emile SANT

DOCTEUR EN MÉDECINE

MONTPELLIER
IMPRIMERIE Gustave FIRMIN et MONTANE
Rue Ferdinand-Fabre et quai du Verdanson

M DCCC XCIX

CONTRIBUTION A L'ÉTUDE

DE

L'AMPUTATION

INTERSCAPULO - THORACIQUE

PAR

Emile SANT

DOCTEUR EN MÉDECINE

MONTPELLIER
IMPRIMERIE Gustave FIRMIN et MONTANE
Rue Ferdinand-Fabre et quai du Verdanson

M DCCC XCIX

A LA CHÈRE MÉMOIRE DE MA SOEUR

A MON PÈRE ET A MA MÈRE
*Trop faible témoignage de reconnaissance
et d'affection.*

A MON FRÈRE

E. SANT.

A MES MAITRES

A MON PRÉSIDENT DE THÈSE

M. LE DOCTEUR FORGUE
PROFESSEUR DE CLINIQUE CHIRURGICALE

A MES AMIS

E. SANT.

INTRODUCTION

L'amputation interscapulo-thoracique consiste dans l'ablation totale de l'omoplate et du membre supérieur ; ou, dans certains cas, de tout ce qu'a laissé de ce membre une amputation antérieure ou une mutilation accidentelle. L'extirpation de l'extrémité interne et même de la plus grande partie de la clavicule en est le complément ordinaire ; elle constitue l'un des temps principaux de son exécution, mais elle n'en est pas la condition absolue.

Les lésions qui motivent cette si grande mutilation de l'économie sont d'ordre traumatique (coups de feu, broiements, arrachements du membre, traumatismes divers), ou d'ordre pathologique (tumeurs malignes en connexion avec le squelette, certaines altérations osseuses graves, notamment l'ostéomyélite, les tumeurs blanches de l'articulation qui unit le membre au tronc, enfin, dans quelques cas exceptionnels, la cure d'anévrysmes inaccessibles à tous autres moyens de traitement).

Si les tumeurs malignes ont été souvent l'occasion du sacrifice du membre entier, par contre, les ostéites tuberculeuses ont été l'une des indications les plus fréquentes de la résection totale de l'omoplate : « Quelle que soit l'extension des lésions osseuses et même l'altération des parties molles au niveau de l'épaule et du bras, il nous semble que jamais on ne serait autorisé à enlever d'emblée la totalité du membre et que, si l'on était autorisé à cette dernière opération, ce ne pourrait être que par opérations successives et à la suite de complications qu'il ne nous est pas facile de prévoir » (1).

L'amputation interscapulo-thoracique pour ostéite tuberculeuse est donc chose si rare qu'une observation de ce genre, recueillie dans le service de M. le professeur Forgue, nous a paru intéressante à publier et nous a suggéré en même temps l'idée de notre thèse. Néanmoins, nous aurons plus spécialement en vue l'opération dans les tumeurs malignes de l'humérus, parce que ce sont elles qui ont trouvé dans l'amputation brachio-thoracique leurs plus nombreuses applications.

A côté de notre observation, nous opposons donc, en deux tableaux, les résultats de l'amputation pour tumeurs malignes de l'humérus. La préférence qu'il faut accorder à cette dernière sur les autres modes d'intervention, et tout particulièrement sur la désarticulation scapulo-humérale, ressort d'une manière certaine de l'examen attentif des observations contenues dans ces tableaux ; les résultats opératoires en sont plus certains, les récidives moins fréquentes. Aussi sommes-nous autorisé à soutenir que dans tous les cas de tumeur maligne de l'extrémité supérieure de l'humérus, c'est l'amputation dans la contiguïté du tronc et non la désarticulation de l'épaule qu'il faut pratiquer. Le seul avantage que possède cette dernière opération est de laisser un moignon d'épaule doué de mouvements actifs d'élévation qu'il peut communiquer au membre artificiel ; mais il faut bien reconnaître aussi que, bornés à un simple va-et-vient dans le sens de l'élévation et de l'abaissement, dépourvus des mouvements associés d'adduction ou d'abduction, de propulsion en avant et en arrière, souvent limi-

---

(1) P. Berger. — *L'amputation du membre supérieur dans la contiguïté du tronc* (amp. interscap). Th. Paris, 1887.

tés par la disposition de la cicatrice, ils ne peuvent le plus souvent agir efficacement que si un mouvement de totalité du tronc vient s'y adjoindre.

D'un autre côté, l'amputation interscapulo-thoracique n'offre-t-elle aucun danger? Elle a les accidents communs aux grandes mutilations de l'économie, et parmi ces accidents, l'*hémorragie* semblerait devoir être le plus redoutable et le plus fréquent. Non seulement, en effet, l'on est forcé d'intéresser le tronc artériel principal, artère axillaire ou sous-clavière, suivant le niveau de la section, presque toutes les branches de l'artère axillaire et un certain nombre de celles de la sous-clavière (scapulaire supérieure et scapulaire postérieure); mais, à ces causes d'hémorragie artérielle, il faut ajouter les risques qui résultent de la présence des gros troncs veineux correspondants, et surtout du développement parfois énorme de tout l'élément vasculaire de la région, artères et veines, dont les troncs et les rameaux ont subi une augmentation de volume en rapport avec l'accroissement de la tumeur. Cependant, nous ne trouvons indiqué, dans presque toutes les observations détaillées, qu'une perte de sang assez faible, quelquefois insignifiante. Il n'est pas un seul des cas, soit d'amputation traumatique, soit d'amputation de l'omoplate consécutive à la désarticulation de l'épaule, où l'écoulement sanguin ait été assez important pour constituer une complication véritable et, parmi les amputations totales d'emblée pour tumeurs, il n'y en a que 3 où cet accident ait été relevé (Kenneth M' Leod, Macnamara, Ollier [1]).

L'entrée de l'air dans les veines, dont nous avons pu relever 4 observations incontestables, n'a entraîné la mort qu'une fois (d'Ambrosio [1]).

L'arrêt de la respiration et la *syncope* ont pu survenir au cours de l'opération (Morisani [1]). Mais il convient de re-

---

(1) *In* Berger. — *Loc. cit.*

marquer ici que le chirurgien italien fit subir à son opérée une effroyable mutilation : après avoir désarticulé le membre supérieur et l'omoplate, pour un cancer du sein adhérent à la paroi thoracique et ayant envahi l'aisselle, il réséqua plusieurs centimètres des 2ᵉ, 3ᵉ et 4ᵉ côtes, ouvrant ainsi largement la paroi thoracique.

Le *shock opératoire* se trouve noté dans un assez grand nombre d'observations ; néanmoins, il n'est cité que 2 fois comme complication grave de l'amputation de l'omoplate consécutive à la désarticulation de l'épaule (Jeafferson Wood [1]).

Enfin, nous devons tenir compte des accidents consécutifs et des complications post-opératoires :

La *suppuration* paraît avoir été plus abondante en général dans les cas d'amputation traumatique que dans ceux d'amputation pathologique ; elle a été parfois accompagnée d'une gangrène partielle des lambeaux.

Des *accès fébriles*, des phénomènes *d'infection septique*, furent parfois observés au cours de la suppuration.

Enfin, des accidents positifs de *septicémie* et *d'infection purulente* survinrent dans les cas de Mac Gill, de Parise, de d'Ambrosio (1).

Il n'en reste pas moins acquis, en envisageant les faits dans leur ensemble, que l'amputation du membre supérieur dans la contiguïté du tronc se présente comme une opération peu grave, dont la mortalité générale ne dépasse pas le 5ᵉ des cas et dont les résultats pourront être plus favorables encore lorsque son manuel opératoire sera mieux réglé, plus connu, et qu'à la sécurité plus grande qui résultera des perfectionnements apportés à son exécution, l'on joindra le bénéfice que donne l'application rigoureuse de la méthode antiseptique.

Le plan de notre thèse sera donc celui-ci : au chapitre pre-

---

(1) *In* Berger. — *Loc. cit.*

mier : indications de l'amputation interscapulo-thoracique dans les tumeurs de l'humérus ; manuel opératoire ; — dans le chapitre deuxième, nous montrons que l'intervention n'est pas grave, qu'elle est efficace (observations à l'appui) ; — le dernier chapitre est consacré à la prothèse.

Mais avant d'aborder notre sujet, il nous est doux de nous rappeler que nos Maîtres furent toujours bienveillants à notre égard et qu'ils mirent tous leurs efforts à nous guider dans l'art si difficile et si délicat de la médecine. Aussi, les quittons-nous à regret et les prions de croire à toute notre reconnaissance.

Que M. le professeur Forgue, qui nous fait beaucoup d'honneur en acceptant la présidence de cette thèse, reçoive ici tous nos remerciments.

Notre ami, le docteur Jeanbrau, chef de clinique chirurgicale, toujours bon et dévoué, voudra bien être assuré de notre gratitude pour le concours bienveillant qu'il nous donna dans la rédaction de ce travail.

CONTRIBUTION A L'ÉTUDE
DE L'AMPUTATION
INTERSCAPULO-THORACIQUE

CHAPITRE PREMIER

Indications fournies a l'amputation interscapulo-thoracique par les tumeurs malignes de l'humérus. — Manuel opératoire.

INDICATIONS

En 1891, un rapport présenté par Berger à la Société de chirurgie sur une observation interscapulo-thoracique communiquée par Monod, de Bordeaux, se terminait par la proposition suivante : « Dans tous les cas de tumeur maligne de l'extrémité supérieure de l'humérus, c'est l'amputation dans la contiguïté du tronc et non la désarticulation de l'épaule qu'il faut pratiquer. » Cette conclusion parut trop absolue à quelques chirurgiens et la désarticulation de l'épaule resta l'opération généralement admise pour les cas de ce genre ; il y en eut même qui, allant plus loin encore dans ce sens, revinrent à des interventions chirurgicales plus limitées, à des résections, à des ablations de tumeurs, en conservant le membre.

La préférence qu'il faut accorder à l'amputation interscapulo-thoracique sur les autres modes d'intervention et tout particulièrement sur la désarticulation scapulo-humérale ressort, d'une manière certaine, de l'examen attentif des observations dans lesquelles cette opération a été pratiquée. La seule réserve à faire, le seul point délicat à traiter est le suivant : il existe des tumeurs osseuses relativement bénignes, sarcomes à myéloplaxes, chondromes, myxômes peut-être, qui peuvent guérir par une résection limitée.

Quénu, en 1891, a cité un fait de ce genre dans la discussion qui a suivi le rapport que Berger avait présenté sur l'observation de Monod. Depuis lors, dans son intéressante communication au dixième Congrès de chirurgie, Lejars, à l'occasion d'un très beau succès personnel qu'il rapportait, a rappelé les cas analogues observés par Heurtaux, Beckel, Nasse, Krause. La guérison radicale avec conservation du membre est un résultat idéal et beaucoup trop séduisant pour qu'il ne faille pas mettre en garde contre la facilité avec laquelle on pourrait se laisser aller à la rechercher. Toute l'indication thérapeutique repose, en pareil cas, sur le diagnostic anatomique impossible à établir avec le degré de précision nécessaire : que l'on cite les cas où une tumeur à myéloplaxes ou un chondrome de l'humérus ont pu être reconnus avec certitude avant l'opération. Nous ne parlons pas des myxomes dont, dans un mémoire récent (1), la récidive survenue au bout d'un an, dans le cas que Berger publia comme un exemple de guérison, la rapidité du développement de la tumeur, l'envahissement des muscles et des ganglions axillaires portèrent ce dernier à modifier, dans un sens beaucoup moins favorable, le caractère de tumeurs relativement bénignes qu'il leur attribuait alors. Mais une tumeur à myéloplaxes, un chondrome même, lorsqu'ils ont été

---

(1) P. Berger. — Des myxomes du bassin, *Bull. de la Soc. de Chir.*, XXIII, 330, 28 août 1897.

enlevés d'une manière très complète en apparence, ne sont-ils pas sujets à récidives ? Nous voulons bien, néanmoins, que l'on fasse une réserve pour les tumeurs de cette nature et qu'on puisse les attaquer par une résection limitée, mais aux deux conditions que voici :

D'abord, il faut que la tumeur soit nettement circonscrite, encapsulée, et qu'elle n'envoie de prolongements ni le long des muscles scapulaires, ni dans l'intérieur de l'articulation scapulo-humérale ; il faut, de plus, que le diagnostic anatomique de la tumeur ait été contrôlé par une incision exploratrice, pratiquée au moment de l'opération et même par un examen microscopique fait séance tenante ; si celui-ci vérifie le diagnostic de tumeur à myéloplaxes ou de chondrome, la résection peut suffire.

Nous croyons donc, qu'en mettant à part les tumeurs petites, très circonscrites, pour lesquelles le diagnostic de tumeur à myéloplaxes ou de chondromes de l'extrémité supérieure de l'humérus peut être soulevé, et pour lesquelles aussi, sous les réserves indiquées, la résection de la tête humérale peut être acceptée, toutes les tumeurs de l'extrémité supérieure de l'humérus, même celles qui n'ont pas envahi manifestement les muscles et les parties molles environnantes, doivent être traitées par l'amputation interscapulo-thoracique de préférence à la désarticulation de l'épaule.

L'amputation interscapulo-thoracique, étant l'opération la plus étendue que l'on puisse diriger contre les tumeurs de l'humérus et de l'omoplate, ne comporte d'autres contre-indications que celles qui sont communes à l'ablation de toutes les tumeurs malignes. Pour l'entreprendre, il faut être sûr de pouvoir enlever toute l'étendue du mal ; — il faut avoir des raisons suffisantes de croire qu'il n'existe encore aucun commencement de généralisation.

Une contre-indication formelle est la présence dans la peau

même ou dans le tissu cellulaire sous-cutané de noyaux isolés constitués par des productions néoplasiques. En pareil cas, non-seulement on a de grandes chances pour que des métastases profondes se soient déjà réalisées, mais on courrait, en opérant, au devant d'une récidive locale certaine. Tous les signes qui peuvent révéler l'existence de métastases viscérales doivent être recherchés avec soin et, s'il existe quelques indices ou même quelques soupçons d'une généralisation déjà constituée, on fera sagement de s'abstenir. Quoique l'amputation totale du membre supérieur ne puisse être comptée parmi les opérations les plus meurtrières, elle fait courir au malade trop de risques, et surtout elle laisse une mutilation trop considérable pour que l'opéré ne doive avoir, à ce prix, des chances très sérieuses de guérison durable. Ce que nous venons de dire des métastases viscérales s'applique, avec plus de raison encore, aux tumeurs que le malade pourrait porter en d'autres points du corps et principalement sur divers os. Si la néoplasie primitive de l'épaule est constituée par du sarcome ou surtout par du carcinome, les tumeurs siégeant en d'autres points ne peuvent provenir que d'une généralisation. L'on doit, à cet égard, faire une réserve pour les chondromes ; l'on sait, en effet, que ceux-ci sont très souvent multiples, que leur apparition se fait parfois presque simultanément sur divers os, et que, tandis que certains d'entre eux restent stationnaires, d'autres peuvent subir un accroissement plus rapide et acquérir un volume énorme. Si donc la tumeur de l'épaule présentait les caractères physiques et la marche d'un chondrome, et si les autres tumeurs existant depuis un temps fort long sur d'autres points du squelette, restaient stationnaires dans leur développement, il nous semblerait permis de procéder à l'ablation de la tumeur principale.

En dehors de ces conditions spéciales et de celles qui sont universellement considérées comme les contre-indications générales de toutes les opérations et sur lesquelles nous n'avons pas à nous étendre, nous n'en trouvons aucune qui doive arrêter l'intervention chirurgicale.

L'état d'affaiblissement du malade, lorsqu'il n'est pas causé par une cachexie véritable, est le plus souvent le résultat des douleurs prolongées, de la gêne, de la fatigue, de la dépression morale bien plus que des privations ; il ne peut se modifier que par la suppression de la lésion qui épuise les forces, et, à moins qu'il ne soit porté à un tel degré que le malade ne puisse évidemment supporter le choc opératoire, la solution la plus prompte sera également la plus favorable. L'amputation totale du membre supérieur dans la contiguïté du tronc doit être considérée non comme une opération de choix, mais comme une opération de nécessité que l'on pratique pour sauver la vie, alors qu'il ne reste plus d'autre ressource. On peut être amené à l'exécuter dans des conditions désavantageuses et même très précaires; mais, lorsqu'elle s'impose, la seule considération qui puisse arrêter est la certitude qu'elle ne saurait plus être qu'un sacrifice inutile.

En résumé, relèvent de la désarticulation de l'épaule ou des résections limitées : les tumeurs nettement circonscrites, encapsulées, sans prolongement le long des muscles scapulaires ni dans l'intérieur de l'articulation scapulo-humérale, les tumeurs dont la nature a été contrôlée par un diagnostic anatomique et microscopique au moment de l'intervention.

Les contre-indications de l'amputation interscapulo-thoracique se tirent de l'impossibilité où se trouve le chirurgien d'enlever efficacement tout le mal (généralisation et métastases viscérales), des forces très précaires du malade.

MANUEL OPÉRATOIRE

On a décrit plusieurs procédés de l'opération : *procédé de Chauvel* ou en double raquette, ligature des vaisseaux axillaires ou sous-claviers, au cours de l'opération ; — *procédé de Gross* ou à lambeaux multiples, section de la clavicule et ligature des vaisseaux axillaires, à la fin de l'opération ; — *procédé de Chalot*, ovalaire, section de la clavicule et ligature des vaisseaux sous-claviers au deuxième temps de l'opération. Tous ces procédés sont défectueux en ce qu'ils ne nous paraissent pas fournir des avantages sérieux contre l'hémorragie, souci constant de l'opérateur.

L'amputation interscapulo-thoracique n'aboutit pas à la constitution d'un moignon, mais d'une cicatrice et celle-ci, quel que soit le mode d'incision que l'on ait adopté, affecte une configuration qui est, à peu de chose près, toujours identique. La considération importante réside dans le nombre et surtout le volume des vaisseaux qui s'y trouvent intéressés ; aussi la nécessité d'adopter, pour enlever la totalité du membre supérieur avec l'omoplate, la voie la plus rapide et la plus sûre, constitue donc une indication de premier ordre qui l'emporte de beaucoup sur la considération des incisions cutanées dont le choix règle d'ordinaire la détermination des méthodes et des procédés dans la plupart des amputations des membres.

Aussi, ne décrirons-nous en détail que le procédé qui nous paraît le mieux résumer les conditions de sécurité : le procédé de Berger-Farabeuf.

Procédé Berger-Farabeuf : ou procédé à deux lambeaux, l'un antéro-inférieur ou pectoro-axillaire, l'autre supéro-postérieur ou cervico-scapulaire (1).

---

(1) Congrès français de chirurgie, 20 octobre 1886.

Il comporte pour ainsi dire deux actes opératoires successifs qui s'exécutent, le premier en deux temps, le deuxième en trois.

Le premier acte a pour but l'hémostase préalable ; il commence par la section de la clavicule suivie de la résection de la partie moyenne de cet os qui découvre largement l'artère et la veine sous-clavière (premier temps) ; il finit par l'isolement et la section de ces vaisseaux entre double ligature (deuxième temps).

Le deuxième acte opératoire a, comme premier temps, l'incision du contour et la dissection profonde du lambeau antéro-inférieur ou pectoro-axillaire, dont font partie les extrémités des muscles grand, petit pectoral et grand dorsal, dissection qui permet de couper le plexus brachial et conduit jusqu'aux insertions sous-scapulaires du grand dentelé; comme deuxième temps, l'incision et le relèvement du lambeau supéro-postérieur doublé du seul trapèze, relèvement poursuivi jusqu'aux limites supérieure et interne de l'os ; comme troisième et dernier temps, la section de la ligne des insertions musculaires que prennent aux bords supérieur et interne de l'omoplate les muscles grand dentelé, omo-hyoïdien, angulaire et rhomboïde.

Exploration de la région, recherche des points de repère, détermination du trajet des incisions. — L'incision destinée à la découverte, à l'isolement, à la section, à la résection de la clavicule et aux ligatures, doit être longue de dix centimètres environ. Elle aboutit en dehors immédiatement derrière l'articulation acromio-claviculaire, sur le sommet *dépressible* de l'angle formé par le bord postérieur de la clavicule et la crête scapulaire. En dedans, elle commence ou s'arrête suivant le côté, à deux travers de doigt de l'articulation sterno-claviculaire, sur la clavicule, devant plutôt qu'au dessus. Entre ces deux points, l'incision est droite.

Pour tracer le lambeau postérieur, il suffira de prolonger

derrière l'omoplate par le plus court chemin vers la face postérieure de l'angle scapulaire où nous allons voir aboutir le contour du lambeau antéro-inférieur.

Le tracé de celui-ci commence au milieu de l'incision scapulaire, se dirige en dehors et en bas au-delà du bec coracoïdien tangible, empiétant un grand travers de doigt sur le deltoïde, se recourbe sur l'union du bord inférieur du tendon grand dorsal, s'arrondit, descend en arrière, suit le sillon visible et tangible qui sépare du bord axillaire de l'os la masse musculaire du grand rond et grand dorsal, pour s'arrêter enfin derrière l'angle scapulaire inférieur.

Position du malade et de l'opérateur. — Le malade est couché, le dos sur un coussin, au bord du lit.

Pendant l'accomplissement du premier acte, (résection de la clavicule, ligatures), le bras repose modérément écarté du corps, car l'opérateur se tient en dehors avec deux aides, l'un à sa gauche, l'autre à sa droite, un troisième aide étant placé en face de lui, au côté opposé du malade. La résection de la clavicule s'accommode d'une certaine propulsion du moignon de l'épaule qui s'obtient, à défaut d'une tumeur, au moyen d'un tampon placé momentanément derrière, c'est-à-dire sous l'omoplate, ou bien, avec la main d'un aide. La ligature exige le contraire, l'effacement du moignon en arrière, qui tend et étale les éléments du paquet vasculo-nerveux.

Avant de commencer le deuxième acte opératoire : l'entaille du lambeau antérieur, puis celle du postérieur, puis la séparation finale, il faut rapprocher encore le tronc du malade du lit, de manière que la moitié de son dos déborde le coussin *épais* et *ferme* sur lequel il est soulevé.

Alors, le bras étant écarté du corps par l'aide, l'opérateur se place en dedans pour inciser devant l'épaule, traverser la face interne du bras et gagner la région rétro-scapulaire que l'aide rend accessible en relevant momentanément le membre en haut et en dedans pour amener l'omoplate.

Après l'entaille complète du premier lambeau, le bras est rapproché du tronc et l'opérateur se retrouve en dehors, bien placé pour dessiner et disséquer le lambeau supéro-postérieur ou trapézien. Au sommet de la section terminale des attaches musculaires marginales, les aides écartent les deux lambeaux. Il est bon que l'opérateur tienne lui-même de la main gauche le bras du malade et qu'il soit, par conséquent, en dedans du bras droit, en dehors du gauche.

PREMIÈRE PARTIE DE L'OPÉRATION. — *Premier temps : section et résection de la partie moyenne de la clavicule.* — Le bras est donc couché, peu écarté du corps. Le chirurgien, placé en dehors, fait une incision commençant devant la clavicule un peu en dedans du bord externe du sterno-cléido-mastoïdien et finissant derrière ou sur l'articulation acromio-claviculaire.

Cette incision divise successivement la peau, le peaucier et le périoste ; mais si l'on trouve en avant de cet os une grosse veine de communication de la céphalique avec la veine jugulaire externe, on doit la couper entre et après deux ligatures. C'est pour ne pas être exposé à blesser inconsidérément cette veine, parfois, quoique rarement, assez volumineuse, qu'il convient ne pas conduire du premier coup l'incision jusqu'à l'os. Cette incision est pratiquée de dedans en dehors, quand on opère sur le côté gauche ; de dehors en dedans, quand on opère sur le côté droit.

Avec la rugine courbe sur le plat, on gratte d'abord dans l'incision du périoste sur toute la partie convexe de la clavicule ; après avoir ainsi amorcé le décollement périostique, on le continue avec beaucoup de précaution, d'abord sur la face supérieure et le bord postérieur de l'os, que l'on contourne avec le plat concave de la rugine. On détache ensuite le périoste devant et sous la clavicule, où les adhérences musculaires exigent de la patience pour éviter les échappades. La rugine rejoint finalement le décollement commencé par dessus l'os et charge celui-ci sur sa concavité. Agité alors de mouvements latéraux, l'instrument, agissant par ses bords, complète l'isolement de l'os sur une longueur suffisante. On remplace la rugine par une sonde à résection, ou plus simplement par un écarteur, que l'on place ensuite de champ et que l'on tient par l'un de ses crochets pendant le travail de la scie.

A ce moment, non seulement la clavicule doit être maintenue proéminente par l'action de l'aide ou du tampon rétroscapulaire, mais encore il faut en faire immobiliser le milieu par un grand davier tenu solidement.

On scie l'os au ras des insertions du chef externe du sterno-cléido-mastoïdien, en dirigeant la section suivant un plan oblique de haut en bas, de dedans en dehors et d'avant en arrière, et l'on emploie de préférence une scie cultellaire. Cependant, une scie à chaine ou un feuillet passe-partout agissant de dessous en dessus, peuvent également servir. On soulève le fragment externe avec le davier ; on complète sa dénudation périostique ; enfin, on le recoupe, soit avec la scie, soit avec de très fortes cisailles, au niveau du tubercule d'insertion du muscle deltoïde. On enlève ainsi toute la partie moyenne de l'os.

Deuxième temps : ligature des vaisseaux. — Le muscle sous-clavier apparaît dans la plaie ; on le soulève sur la sonde cannelée, on le coupe avec des ciseaux au niveau de la surface de section interne de la clavicule, puis, l'ayant saisi avec des pinces, on en réséque toute la partie découverte.

A la place du sous-clavier, il n'y a rien, l'aponévrose y est si mince qu'elle ne se sent ni ne se voit. Le bout de l'index gauche s'y porte, puis, remontant vers le cou devant les nerfs, accroche facilement le bord tranchant de l'aponévrose moyenne omo-claviculaire, où sont les vaisseaux sus-scapulaires que l'on charge en masse sur un double fil sans y comprendre le muscle omo-hyoïdien placé plus haut ; on coupe les vaisseaux après les avoir liés en dedans et en dehors du point où on doit les diviser.

Assez souvent on peut voir, dès lors, en dedans, le bord supérieur de la veine sous-clavière, en dehors les nerfs du plexus brachial ; au milieu se trouve l'artère cachée dans le tissu cellulaire de la région sous-clavière. On procède avec précaution à la dénudation de la veine immédiatement au-dessous du niveau de la partie réséquée de la clavicule.

C'est donc sur la terminaison de la veine axillaire qu'on passe les fils. Avant d'engager l'aiguille porte-fil, il faut s'être bien assuré que la dénudation est parfaite et que la veine est libérée de toute espèce d'adhérences dans toute sa circonférence et surtout en arrière. Les deux ligatures seront distantes d'un centimètre au moins, et pour ne pas accumuler le sang dans le membre qui va être jeté, on ne serrera qu'après avoir découvert et lié l'artère, à moins pourtant que celle-ci ne soit masquée et sa ligature rendue périlleuse par le volume de la veine. L'artère est cherchée et dénudée en dedans et au-dessus du filet nerveux du grand pectoral ; elle est chargée sur deux fils que l'on éloigne à un centimètre au moins avant de les nouer, afin de pouvoir couper le vaisseau avec sécurité dans l'intervalle. Alors, on serre les ligatures de la veine que l'on divise entre elles. Si l'on avait quelque difficulté à trouver l'artère, on se reporterait, bien entendu, au point de repère que donne le tubercule d'insertion du muscle scalène antérieur à la première côte. Mais il vaut mieux lier plus bas : c'est plus facile et probablement plus sûr. Au reste, les vaisseaux coupés, l'artère surtout, se rétractent et ne gênent plus l'opérateur.

Deuxième partie de l'opération. — *Premier temps : incision et dissection du lambeau antéro-inférieur.* — Le bras, étant écarté du corps et l'opérateur placé en dedans, une incision, ne comprenant que la peau et le tissu cellulaire sous-cutané, part du milieu de l'incision première et se porte en dehors et en bas, au delà du bec coracoïdien et de l'interstice pectoro-deltoïdien, le long et en dehors duquel elle descend, empiétant un ou deux travers de doigt sur le muscle deltoïde. Arrivée au niveau de la jonction de la paroi antérieure de l'aisselle et du bras, l'incision croise le bord inférieur du tendon grand pectoral et coupe transversalement la peau de la face interne ou axillaire du membre, jusqu'au delà du bord inférieur des tendons grand dorsal et grand rond. Le bras est alors relevé par l'aide, et l'opérateur, apercevant le sillon qui sépare, en arrière, le bord externe de l'omoplate de la masse commune au grand dorsal et au grand rond, y conduit l'incision pour la terminer derrière l'angle scapulaire sur le milieu de la face postérieure de l'angle scapulaire.

Le lambeau antérieur ou pectoro-axillaire étant ainsi délimité et son contour bien libéré, l'on divise avec précaution le grand pectoral un peu en dehors de l'origine de son tendon ; puis, après avoir chargé sur le doigt le petit pectoral, on le coupe près de son insertion à l'apophyse coracoïde.

Quelques coups de tranchant prudemment ménagés et donnés dans l'intervalle des ligatures supérieure et inférieure permettent de voir le plexus brachial et d'engager l'index dessous pour en couper les éléments assez haut, sans les tirailler et sans menacer le bout central de l'artère. L'épaule se laisse attirer en dehors avec les bouts périphériques des nerfs et des vaisseaux.

Le couteau se promène de haut en bas en dehors de la face externe du muscle grand dentelé qu'il dépouille le moins possible. Les vaisseaux thoraciques et mammaires externes sont aperçus ; on les peut lier ou forcipresser avant de les couper. Enfin, l'on parvient au fond de l'espace sous-scapulaire, et l'on termine en pinçant le grand dorsal entre le pouce et l'index gauches pour le diviser, le rejeter en avant avec le lambeau et découvrir ainsi l'angle scapulaire garni de ses muscles.

Deuxième temps : incision et dissection du lambeau postéro-supérieur. — Le bras étant remis au côté du corps, l'épaule soulevée et le chirurgien placé en dehors, l'on reprend l'extrémité externe de la première incision (incision claviculaire), pour la conduire par le plus court chemin vers l'angle inférieur de l'omoplate, où elle se jette dans l'extrémité inférieure de l'incision qui circonscrit le lambeau antérieur. On libère par une dissection rapide le bord de cette incision cutanée ; on relève les téguments seuls dans toute l'étendue de la fosse sous-épineuse, on désinsère le trapèze de la clavicule et de l'épine pour le décoller de la fosse sus-scapulaire et, finalement, le confier à un aide qui va le tenir écarté dans le lambeau postérieur dont il fait partie.

Troisième temps : section des attaches musculaires marginales. — L'opérateur saisit de la main gauche la racine du bras ; il commande aux aides d'écarter les lambeaux et de tâcher de comprimer dans le haut du postérieur les vaisseaux scapulaires postérieurs ; il est en dehors du bras gauche, en dedans du bras droit ; il tire dessus comme pour l'arracher avec l'omoplate. Cela dégage le bord supérieur et le bord spinal, que rase aussitôt le milieu du tranchant pour diviser en un instant, par de rapides mouvements de va-et-vient, le double feuillet musculaire qui s'y attache.

On cherche alors dans le cou, en dehors du plexus brachial, près de la section de l'angulaire de l'omoplate, l'endroit où l'artère scapulaire postérieure a été coupée pour la saisir et la lier

Le lambeau postéro-supérieur ainsi dessiné est à peu près égal comme surface et comme circonférence au lambeau antérieur. Quand on les adapte, on a une ligne de réunion oblique de haut en bas, d'avant en arrière et de dedans en dehors, dont la section de la clavicule et des vaisseaux occupe l'extrémité antéro-supérieure. Son extrémité inférieure correspond au point le plus déclive de la plaie.

Pourtant, comme nous l'avons déjà dit, quand le sujet est couché sur le dos, la ligne de section des muscles qui s'inséraient au bord spinal forme encore une gouttière assez profonde et qui doit nécessiter un drainage soigneusement institué.

Le lambeau antéro-inférieur est doublé par le grand et le petit pectoral et en bas par l'extrémité du grand dorsal : le lambeau postérieur, dans sa partie supérieure est tapissé par le trapèze. Les deux tiers inférieurs de ce lambeau ne sont constitués que par la peau et le tissu cellulaire sous-cutané ; sa face profonde vient s'appliquer sur le fond de la plaie, c'est-à-dire, sur les côtes et sur les espaces intercostaux recouverts par les digitations du muscle grand dentelé.

Ce procédé est d'une exécution facile et relativement rapide sur le cadavre. Seuls, les premiers temps et surtout la dénudation et la résection de la clavicule demandent à être conduits avec beaucoup de délicatesse et d'attention. La section des attaches postérieures du membre qui le termine, seul moment de l'opération où, sur le vivant, on puisse redouter, dans les cas ordinaires, la perte de sang, se fait avec une extrême rapidité. Le seul reproche qu'on puisse lui adresser et d'ailleurs applicable à tous les autres modes opératoires, c'est de ne pas pouvoir être employé dans les cas où le développement de la tumeur, en avant dépasse la clavicule et recouvre les vaisseaux sous-claviers, cas, d'ailleurs, qui défient toutes les règles préconçues et tous les plans institués à l'avance.

CHAPITRE II

L'OPÉRATION EST-ELLE GRAVE ? — EST-ELLE EFFICACE ?
OBSERVATIONS

GRAVITÉ DE L'OPÉRATION

Pratiquée d'emblée pour les tumeurs de l'extrémité supérieure de l'humérus et en se conformant aux règles opératoires formulées plus haut, l'amputation interscapulo-thoracique n'est pas une opération grave ; sur 46 cas où elle a été pratiquée, elle n'a entraîné que deux fois la mort : dans l'un de ces faits (Kenneth, M'Leod), il s'agissait d'un enfant de 2 ans, porteur d'une énorme tumeur de l'épaule, qui succomba aussitôt après l'opération. Quoique ce résultat puisse être mis en partie sur le compte du jeune âge, il ne faudrait pas faire jouer à cette cause un rôle trop considérable, ni la considérer comme un obstacle absolu à la réussite de l'opération ; Posadas pratiqua celle-ci avec succès sur un enfant de 15 mois.

L'autre sujet était une femme de 38 ans, opérée en 1889 par Bergmann ; mais l'intervention avait, dans ce cas, dépassé de beaucoup les limites de l'amputation totale du membre supérieur ; il fallut réséquer une partie du sternum et de la première côte pour enlever la veine sous-clavière et le tronc veineux brachio-céphalique droits qui étaient englobés et envahis par la tumeur ; Bergmann dut mettre une ligature sur la veine cave supérieure et tamponner le médiastin ; l'opérée succomba deux heures après l'opération. Dans les 44 autres cas, la guérison a été obtenue, celle-ci même n'a été le plus souvent retardée par aucune complication notable. La plus redoutable d'entre elles, le collapsus post-opératoire, quelque menaçant qu'il paraisse, se dissipe promptement, et nous avons aujourd'hui, pour le combattre, la ressource très sûre des injections sous-cutanées ou intra-veineuses de sérum. Chavasse a vu survenir, le seizième jour, une hémorragie importante qui a nécessité la résection d'une portion plus étendue de la clavicule et l'application d'une nouvelle ligature sur l'artère sous-clavière en arrière des scalènes. Des suppurations plus ou moins prolongées ont été observées dans un assez grand nombre de cas ; elles n'ont jamais eu de conséquences graves. Chez le premier opéré de Berger, un trajet fistuleux ne se ferma qu'après une incision par laquelle on put retirer un tube à drainage qui s'était perdu dans la profondeur. Chez le nôtre, on fut obligé d'inciser à nouveau la ligne de suture pour tarir la suppuration.

L'amputation interscapulo-thoracique (amputation totale d'emblée), celle qui est pratiquée en un seul temps pour l'extirpation des tumeurs de l'extrémité supérieure de l'humérus, se présente donc comme la moins grave des amputations totales du membre supérieur. L'amputation de l'omoplate et de la clavicule, pratiquée quelque temps après la désarticulation de l'épaule, pour récidive d'une tumeur ayant nécessité cette première opération (amputation pathologique consécutive), quelque étrange que cela puisse paraître, donne une proportion bien plus élevée de mortalité ; sur 23 cas d'intervention de cette espèce que nous avons rassemblés et que l'on trouvera plus loin résumés en tableau, il faut compter 3 morts, peut-être même 4, c'est-à-dire que la mortalité opératoire, qui est inférieure à 5 0/0 pour l'amputation totale d'emblée, s'élève à plus de 13 0/0 pour les amputations pathologiques consécutives. Cette mortalité de 13,04 0/0 est, du reste, celle que Schultz a déduite de sa statistique, et qui, pour lui, représente la mortalité correspondant à l'ensemble des amputations interscapulo-thoraciques pratiquées pour cause pathologique quelconque, en n'y comprenant que les observations publiées depuis 1875; on voit que l'amputation interscapulo-thoracique, pratiquée d'emblée pour les tumeurs de l'humérus, présente une gravité beaucoup moindre ; c'est lorsqu'elle est pratiquée pour des tumeurs de l'omoplate que l'amputation totale du membre supérieur donne les moins bons résultats. Il ne faut pas s'étonner de cette différence ; dans l'opération motivée par les tumeurs de l'humérus, la ligature préalable des vaisseaux axillaires ou sous-claviers est presque toujours facile, et l'hémostase préalable, qui est le temps le plus important et le plus délicat de l'opération, peut être réalisé avec une grande sécurité ; tandis que les tumeurs du scapulum s'opposent souvent par leur volume à l'exécution de cet acte préliminaire ou le rendent incertain et très difficile ; le développement de la circulation artérielle et veineuse tout autour de la tumeur, le volume énorme que prennent les branches des artères scapulaires supérieure et postérieure et les troncs veineux qui leur correspondent, augmentent, en outre, les chances d'hémorragie dans les temps subséquents de l'opération, en même temps que l'envahissement des muscles qui, de l'omoplate, se portent au tronc et à la région cervicale, rend l'exécution matérielle de l'extirpation du membre très laborieuse. On peut donc affirmer qu'au point de vue de la technique de l'opération et de ses résultats immédiats, c'est dans l'extirpation des tumeurs de l'extrémité supérieure de l'humérus, que l'amputation interscapulo-thoracique trouve ses meilleures applications et qu'elle s'y montre d'une innocuité qui ne le cède en rien à celle de la désarticulation de l'épaule elle-même.

EFFICACITÉ DE L'OPÉRATION

Beaucoup plus importante, la question de l'efficacité de l'opération nous paraît résolue dans un sens très favorable, non seulement dans les deux observations que Berger publia entièrement, dans lesquelles la récidive ne s'est pas montrée et où la guérison s'est maintenue jusqu'à ce jour, mais par l'analyse des 44 autres faits (premier tableau). De ces faits, il en est 13 qui ne peuvent être utilisés à ce point de vue, à cause de l'absence totale de renseignements sur les suites éloignées de l'opération (faits de Syme, Lund ; deux cas de Bergmann, ceux de Küster, Trèves, Delorme, Oeschner, Dircksen, Halls, deuxième cas de Roth et celui de Rochet). Dans 14 cas, la récidive a été constatée, ou la mort est survenue par généralisation, un temps plus ou moins long après l'opération ; des récidives locales inopérables ont été notées dans trois 3 cas de Bergmann, dans ceux de Beckel, de Dubar, de Quénu, de Kirmisson ; la généralisation d'emblée est survenue chez les opérés de Verneuil, de May, de E. Monod, dans deux des cas de Bergmann et dans l'un de ceux de Barling ; il s'agissait, dans quatre de ces faits, de métastases pulmonaires ; dans celui de May d'une récidive dans les ganglions. Le temps le plus long que la récidive ou la généralisation aient mis à se produire, a été de 10 et 15 mois. Dans presque tous ces cas, au moment où l'opération fut pratiquée, les muscles qui environnent l'articulation scapulo-humérale, l'omoplate dans quelques-uns d'entre eux, dans l'un même, la veine axillaire, étaient envahis par la néoplasie. Nous relevons, au contraire, sur cet ensemble de 44 cas de survie, dont 28 seulement peuvent être consultés avec profit à ce point de vue : 17 cas de guérison durable, constatés au bout de 4 mois (Parkes), 6 mois (Ch. Heath), 8 mois (May, Van Herson, Lewis, Posadas), 9 mois (Sondermayer), 1 an et plus (Madelung, Chavasse, Bergmann, dans 2 cas (Berger, Barling), 2 ans (Roth), près de 3 ans (Houzel), 3 ans et demi (Bergmann), 15 ans (Berger), enfin plusieurs mois sans indication plus précise (Schwartz).

En ne conservant que les cas où la guérison s'est maintenue 1 an et plus après l'opération, il reste donc 10 cas, c'est-à-dire à peu près 33 0/0 de guérisons durables, dont plusieurs sont, on peut l'espérer, même définitives.

Il n'est pas indifférent de rechercher quelle était la nature de la tumeur dans ces 16 cas où la récidive n'a pas été observée; dans ceux de Madelung, Chavasse, Schwartz et dans le premier de Berger, il s'agissait de chondromes ; dans la deuxième observation de Berger, la tumeur était un myxome ; dans les autres cas, c'étaient des sarcomes, le plus souvent périostiques. Il faut remarquer que tous les cas de chondromes de l'humérus, quel que fût leur volume et malgré l'envahissement des parties molles, particulièrement des muscles scapulaires, observé dans plusieurs cas, sont restés indemnes de récidive.

OBSERVATION

(Inédite)

Louis Gr..., colporteur, 29 ans.

Antécédents héréditaires. — Père mort à 55 ans, d'apoplexie ; mère bien portante ; 10 frères et sœurs, dont 7 morts en bas âge, de cause inconnue.

Antécédents personnels. — A 18 ans, bronchite ayant duré 3 mois.

A 19 ans, dothiénentérie.

En janvier 1898, un abcès se forme à la partie postérieure de l'épaule gauche, s'ouvre donnant naissance à une grande quantité de pus jaune verdâtre, grumeleux, mal lié. Peu après, le processus gagne la tête humérale et une fistule s'établit ; ce que voyant, le malade entre à l'Hôtel-Dieu de Nîmes, le 23 janvier, même année. On fait un curettage du trajet fistuleux avec cautérisation au chlorure de zinc. Aucune amélioration.

Le 7 février, résection de la tête humérale sur une longueur de 8 cent. Un phlegmon du bras survient, qui oblige à pratiquer toute une série de contr'ouvertures. La suppuration est intarissable, si bien qu'une amputation du bras est proposée, laquelle est repoussée par le patient. Sortie de l'hôpital de Nîmes le 2 juin 1898 et entrée, le 4 du même mois, à l'Hôpital Suburbain (service de M. le professeur Forgue).

Le malade est très amaigri par une suppuration abondante et continue, qui s'échappe de multiples trajets fistuleux ayant envahi le bras et toute la région de l'épaule ; par ces fistules, le stylet arrive sur l'humérus et l'omoplate, qui font percevoir la sensation particulière aux os atteints de carie. Toute la moitié externe de la clavicule est considérablement hyperostosée.

La nature tuberculeuse du mal était hors de doutes. L'extension des lésions à l'omoplate, atteint sur des points multiples, puisque la région scapulaire postérieure était le siège de plusieurs orifices fistuleux disséminés, l'un au niveau de la base de l'épine, deux autres vers la région sous-épineuse, un inférieur vers l'angle, parut à M. Forgue une raison suffisante pour joindre à la désarticulation de l'épaule la résection de l'omoplate et pour se déterminer à une amputation interscapulo-thoracique. La gravité de l'état général, l'hecticité où se trouvait le malade, obligeaient à une intervention supprimant radicalement tous les foyers tuberculeux et tous les points de résorption et de stagnation purulente.

L'opération fut menée suivant les règles opératoires classiques. La résection de la moitié externe de la clavicule hyperostosée, permit de dégager le paquet vasculaire noyé dans une gaine épaissie de tissu fibreux ; cet épaississement de la gaine fit que M. Forgue, pour procéder plus rapidement, comprit dans une même ligature forte, à la soie, l'artère et la veine. A part ce détail, la technique fut conforme à la description de Berger ; l'opération fut promptement menée en moins de 25 minutes et la perte de sang fut insignifiante.

Les suites de ce traumatisme, en apparence considérable, furent simples : il n'y eut pas de shock, et, deux jours après l'opération, le malade se levait. Toutefois, deux semaines plus tard, la suppuration, due à ce que l'asepsie opératoire absolue n'avait pu être obtenue en raison des fistules qui couvraient la région, obligeait à contr'ouvrir dans la partie basse de la ligne de réunion. Au commencement d'août, M. Lapeyre dut augmenter ces ouvertures, curetter et cautériser au chlorure de zinc quelques foyers suppurés des parties molles. A la fin de ce mois, la cicatrisation était parfaite et depuis elle ne s'est pas démentie.

L'examen des pièces anatomiques montra sur la clavicule et l'omoplate des lésions diffuses justifiant pleinement leur extirpation ; l'humérus était le siège d'une ostéo-périostite qui s'étendait jusqu'à son tiers inférieur. Les parties molles étaient bourrées de fongosités et de foyers purulents.

Tableaux

PREMIER TABLEAU. — Amputations interscapulo-thoraciques d'emblée pour tumeurs de l'humérus.

OPÉRATEUR	DATE	SEXE	AGE	SIÈGE de la tumeur	NATURE de la tumeur	Résultat de l'opération	RÉCIDIVE	GUÉRISON constatée au bout de	INDICATIONS Bibliographiques	OBSERVATIONS
1. Syme.........	1864	M	40	Tête humérale.	Kysto fibro-plastiq.	G	?	?	Gazette médic. de Paris, 1866, XXI. 276. — B. 5, p. 47.	Il y avait eu 2 opérations antérieures.
2. Kenneth Mc Leod.	1867	M	2	Coude et fosse sous-scapulaire.	Cancer alvéolaire à stroma fibreux.	M			Indian med. Gazette, sept. 1867. — B. 8, p. 21.	Il y avait envahissement des parties molles.
3. Edw. Lund.....	1879	M	20	Ext. sup. hum.	Sarc. fibro-plastiq.	G	?	40 jours	British med Journal, 1880, II, 017. — B. 12, p. 27.	Aucun renseignement ultérieur.
4. P. Berger......	1882	M	27	Ext. sup. hum.	Chondrome pur.	G	Pas	15 ans	B. 13, p. 33.	
5. Christ. Heath...	1883	M	16	Ext. sup. hum.	Sarcome ossifiant.	G	Pas	6 mois	British med Journal, 1884, I, 412. — B. 16, p. 63.	Tumeur adhérente au scapulum
6. Verneuil.......	1883	M	23	Tête humérale.	Sarcome à cellules rondes.	G	Généralis. au bout de 6 mois		Union médicale, 1884, p. 4. — B. 18, p. 36.	Omoplate et ganglions envahis.
7. V. Bergmann....	1885	M	28	Humérus droit.	Sarc. périostique.	G	?	?	Bramesfeld. — A. 58, p. 695.	
8. V. Bergmann....	1886	M	44	Humérus.	Sarcome.	G	Génér. pleur. et pulm. Mort		Bramesfeld. — A. 60, p. 698.	
9. Madelung......	1886	M	58	Humérus gauche.	Chondrome mou.	G		4 ans et plus	Deutsche Zeitschrift f Chir., 1888, XXVII, 238. — A. 62, p. 695.	Résect. de la tête hum. 6 ans auparavant, par Trendelenburg.
10. May..........	1887	F	21	Tête humérale.	Sarc. périostique.	G	Des ganglions et mort		Annals of Surgery, VIII, p. 434. S. 5, p. 455.	
11. May..........	1887	M	17	Humérus droit.	Sarcome.	G		8 mois	Yenheck. — S. 6, p. 455.	
12. Van Iterson...	1887	M	49	Tête humérale.	Ostéo-sarc. centr.	G		8 mois	Bull. Soc. de Chir., 1887, XIV, 481. — S. 7, p. 455.	Envahissement des muscles scapulaires.
13. V. Bergmann..	1888	F	34	Humérus gauche.	Sarcome mou.	G	?	?	Bramesfeld. — A. 67, p. 699.	Envahissement des muscles, fract. spont.
14. Sondermayer Roman.	1888	F	44	Humérus.	Sarc. fuso-cellul.	G	?	9 mois	Wien. med. Wochenschr., 1888, n° 29, 1120. — S. 9, p. 455.	
15. V. Bergmann...	1888	M	40	1/3 sup. hum.	Sarcome ostéoïde mou.	G	Mort 10 mois après	9 mois	Nasse. — S. 13, p. 456.	
16. Parkes	1888	M	18	Tête hum. droite.	Sarcome.	G		4 mois	Arch. f. Klin. chirurgie, 1889, XXXIX, 412. - S. 14, p. 456.	

OPÉRATEUR	DATE	SEXE	AGE	SIÈGE de la tumeur	NATURE de la tumeur	Résultat de l'opération	RÉCIDIVE	GUÉRISON constatée au bout de	INDICATIONS Bibliographiques	OBSERVATIONS
17. Chavasse......	1889	M	40	Tête humérale.	Gros chondrome.	G		1 an	British med. Journal, 1890, 131. — S. 17, p. 456.	Hémorr. consée. 2° ligat. de la s. clv.
18. Küster........	1889	F	29	Humérus.	Sarcome.	G	?	?	Finkelstein. — S. 18, p. 457.	Plusieurs fratloms spont. Opér. réitérées.
19. V. Bergmann....	1889	F	38	Humérus droit.	Sarcome.	M			Nasse. — S. 19, p. 457.	Fract. spont.; envahiss. des muscles. Ablat. de la 1re côte d'une part, du sternum, outre le membre et l'omoplate. Ligat. de la v. cav. sup. et du tronc brach.-céph. Mort 2 heures après.
20. Lewis.........	1889	M	47	Humérus.	Sarcome.	G		8 mois	Annals of Surg., 1890, 88. — S. 23, p. 458.	
21. V. Bergmann...	1889	?	?	Humérus.	Sarc. pér. encaps.	G		3 ans 1/2	Nasse. — S. 25, p. 458.	
22. E. Monod......	1891	M	20	Humérus.	Sarcome périost.	C	Mét. pulm 3 mois		Bull. Soc. chir., 1891, XVII, 201. — S. 29, p. 459.	Les muscles envahis.
23. Treves........	1891	F	43	Hum. tête.	Sarc. globo-cell.	G	?	?	Lancet, 1891, II, 1158. — S. 31, p. 459.	
24. Oschner......	1891	F	jeune	Humérus.	Sarcome.	G	?	6 semaines	Centrab. f. d. gesammte med., 1892, 1. — S. 33, p. 459.	
25. Delorme......	1891	M	20	Tête humérale.	Sarcome.	G	?	?	Semaine méd., 1892, 252. — S. 35, p. 459.	
26. V. Bergmann..	1891	?	?	Humérus.	Sarcome.	G	Mort de récid.		Nasse. — S. 37, p. 459.	Muscles envahis.
27. V. Bergmann...	1891	?	?	Humérus.	Sarcome.	G	Mort de récid		Nasse. — S. 38, p. 459.	Muscles et veines envahis.
28. V. Bergmann..	1892	?	?	Humérus.	Sarcome kystique.	C		1 an, mort de cause inconn.	Nasse. — S. 39, p. 460.	Fract. spont. de l'hum.
29. V. Bergmann...	1892	?	?	Tête humérale.	Sarcome.	G		1 an	Nasse. — S. 40, p. 460.	
30. V. Bergmann..	1893	?	?	Tête humérale.	Très bien circonsc.	G	Au bout d'1 an suite inconn.		Nasse. — S. 43, p. 460.	Récidive dans les musc., extirpation 1 an après.
31. Roth.........	1893	?	?	Tête humérale.	Sarcome.	G		2 ans	Münchener med. Wochensch., 1895, 940. — S. 50, p. 461.	Aucun détail.
32. Dubar........	1894	M	27	Ext. sup. hum.	Ostéo-sarcome.	G		Au bout de 4 mois	Statistique opérat. Lille, 1897, 163. — S. 48, p. 561.	

OPÉRATEUR	DATE	SEXE	AGE	SIÈGE de la tumeur	NATURE de la tumeur	Résultat de l'opération	RÉCIDIVE	GUÉRISON constatée au bout de	INDICATIONS Bibliographiques	OBSERVATIONS
33. J. Bœckel....	1894	F	24	Tête humérale.	Très bien circonsc.	G	Mort de récid.		IXᵉ Congrès de chirurgie. — S. 47, p. 461.	Ablat. de la tum., puis A. L. R. T., puis abl. de réc.
34. Roth......	1895	?	?	Humérus.	Sarcome.	G	?	?	Münchener med. Wochenschr., 1895, p. 940. — S. 51, p. 461.	Aucun détail.
35. Dircksen....	1895	M	34	Humérus.	A. fluctuante volumineuse.	G	?	?	Berlin Klin. Wochenschr., 1895, 1044. — S. 52, p. 461.	
36. V. Bergmann..	1895	?	?	Tête humérale.	Sarcome.	G	?	?	Nasse, inédit. — S. 53, p. 461.	
37. Houzel.......	1895	F	33	Tête humérale.	Sarcome os-ifiant.	G		Près de 3 ans	Arch. prov. de ch., 1896, n° 1, p 13	
38. Hall.........	1896	?	?	Humérus.	Sarcome.	G	?	?	The Lancet, 8 fév. 1896.	
39. Poradas.....	1896	F	15m	Corps de l'hum.	Sarcome.	G		8 mois	Rev. de chir., 1897, n° 10, p. 805.	
40. Schwartz.....	1896	F	20	Ext. sup. hum.	Chondro-fibrome ossifiant.	G		Plus. mois	Communic pers. et Soc. anat., juillet 1897.	
41. Kirmisson....	1896	M	10	Ext. sup. hum.	Sarc. fuso-cellul.	G		7 mois	Revue de chir., octobre 98.	
42. Quénu.......	1897	M	67	Tête humérale.	Sarc. globo-cellul.	G	Mort 4 mois après		Communic. pers. et Soc. anat., mars 1897.	
43. Rochet......	1897	M	28	Diaphyse hum.	Ostéo-sarc. à petites cellules.	G	?	?	Société de chirurgie de Lyon, 1897-1898, n° 2, p. 57.	
44. Berger......	1897	M	28	Ext. sup. hum.	Myxome.	G		19 mois	Revue de chir., oct. 98.	
45. Barling......	1898	M	53	Ext. sup. hum.	Sarc. myéloïde.	G	Généralisat. au bout de 6 mois.		Clinical Soc. of London. British med. Journ., 1898, t. I, p. 882.	Fract. spont. de l'hum., tumeur remplis. l'aisselle et débordant la clavicule.
46. Barling......	1898	M	37	2/3 sup. de l'hum.	Sarcome périost.	G		15 mois	Ibidem.	

NOTA. — Les lettres B. A. S. renvoient aux statistiques de Berger, d'Adelmann et de Schultz ; les chiffres qui suivent indiquent le numéro d'ordre de l'observation dans ces statistiques et la page du mémoire.

Quelle différence des résultats que l'on vient de lire à ceux qu'a donnés l'extirpation de l'omoplate pratiquée pour la récidive d'une tumeur traitée d'abord par la désarticulation de l'épaule! Voici plus loin le tableau où nous avons réuni les 23 observations de cette espèce (amputations pathologiques consécutives) dont nous avons pu recueillir l'indication ; ces 23 observations comprennent 3 cas de mort, 6 cas dans lesquels les renseignements nous manquent sur les suites de l'opération), 10 cas où la récidive locale, où la généralisation de la tumeur a été constatée de 3 à 15 mois après l'opération, enfin 4 cas seulement de guérison : 2 constatées 2 et 4 mois seulement après l'extirpation de l'omoplate ; 1 cas de Rigaud où la guérison s'est maintenue 6 ans après l'opération, mais où la tumeur n'est caractérisée dans l'observation que par le terme d'ostéophyte ; 1 cas enfin de Conant, dans lequel le malade était encore en vie 20 ans après l'intervention ; mais le terme vague d'ostéo-cancer, employé par l'auteur pour désigner l'affection qui avait motivé l'intervention, rapproché de ce résultat inespéré pour une tumeur qui, enlevée 5 fois, avait récidivé 5 fois, nous fait douter qu'il se soit agi, en réalité, d'une tumeur de mauvaise nature.

En résumé, ces 23 observations d'amputation totale du membre supérieur pratiquée pour des récidives, après désarticulation de l'épaule, ne nous donnent pas, ou à peine, un exemple probant de guérison durable pour toutes les tumeurs appartenant à la catégorie des sarcomes, des chondromes et des tumeurs analogues dérivées du système conjonctif.

Tableau

DEUXIÈME TABLEAU. — **Résections de l'omoplate faites consécutivement à la désarticulation de l'épaule.**
(Amputations pathologiques consécutives) pour tumeurs de l'humérus.

OPÉRATEUR	Date de la 1re opér.	Date de la 2e opér.	SEXE	AGE	SIÈGE de la récidive	NATURE de la tumeur	Résult. opér.	RÉCIDIVE	Guérison constatée au bout de	INDICATIONS BIBLIOGRAPHIQUES
1. Mussey...	1818	1837	M	27	Omoplate ?	Masse cartilagin.	G	?	?	Berger, obs. XXIII, p. 85.
2. Rigaud...	1844	8 mois apr.	M	?	Cicatrice.	Encéphaloïde ?	G	?	2 mois	Berger, obs. XXIV, p. 87.
3. Dasch....	?	1864	F	16	Parties molles	Carcinome.	G	?	?	Berger, obs. XXVI, p. 90.
4. Conant...	?	?	M	?	?	Cancer ?	G	Pas	20 ans	Berger, obs. XXVII, p. 90. 5 opérations, 5 récidives.
5. Soupart...	?	?	?	?	?	T. fibro-plastique.	G	Récidive		Berger, obs. XXVIII, p. 91.
6. Deroubaix.	?	?	M	?	?	T. de mauv. nature.	G	Généralisation après quelques mois.		Berger, obs. XXIX, p. 91. Résection, désarticulation, puis A. S. T.
7. Langenbeck	1859	4 mois apr.	M	23	Omoplate.	Fibro-sarcome.	G	Généralisation après un an et demi.		Berger, obs. 30, p. 92. Fracture sponi. 2 ans avant
8. Duck	?	1864	M	?	?	Ostéo cancer.	G	Peu de mois après.		Berger, obs. XXXI, p. 93.
9. Krakowitzer	1863	1868	?	?	?	Enchondrôme.	M			Berger, obs. XXXII, p. 94.
10. Jeafferson .	1873	4 ou 5 mois	F	20	Région pector.	Encéphaloïde.	G	?	4 mois	Berger, obs. XXXIII, p. 94. Engorgem. ganglionn
11. Stimson...	1872	6 mois apr.	M	42	Moignon.	Sarc. fascic. périost.	G	?	?	Berger, obs. XXXIV, p. 97.
12. Conklin...	Fév. 1882	Août 1882	F	37	Angle scapul.	Sarc. ostéoïde ?	G	25 mois après.		Berger, obs. XXXV, p. 98.
13. John Wood	Janv. 1881	Mai 1881	F	17	Toute l'omopl.	Sarc. fasciculé.	M			Berger, obs. XXXVI, p. 100
14. D'Ambrosio	Nov. 1878	Nov. 1879	F	18	Cicatrice.	Myxosarcome.	M			Berger, obs. XXXVII, p. 102.
15. P. Swain..	Fév. 1886	Avril 1886	M	18	Omoplate.	Sarc. myéloïde.	G?	Mort de pneumonie peu après sa sortie.		
16. Rigaud....	1869	1 an 1/2 ap.	M	?	Omoplate.	Ostéophyte ?	G		6 ans	Adelmann, cas XXI, p. 694. Obs. incomplète.
17. Bergmann.	27 nov. 88	24 janv. 87	M	20	Aiss. et omopl.	Sarcome...	G	?	?	Adelmann, cas LXII, p. 696. Bramsfeld.
18. Wats	13 avril 88	30 mai 88	M	14	Omoplate.	Sarcome.	G	Mort, 23 sept. 88.		Schultz, 10, p. 453. 3e récid. opérée et mort rapide.
19. Wats	13 mars 86	8 juin 88	M	34	Omoplate.	Sarc. fasciculé de l'humérus.	G	Rapide du côté opposé.		Schultz, 12, p. 456. Récidive ayant certainement entrainé la mort.
20. Eiselsberg.	1887	Août 1889	M	40	Toute l'épaule.	Chondro-sarcome.	G	?	?	Schultz, 21, p. 457. Pas de renseignements ultér.
21. Bergmann.	?	1891	?	?	?	Sarcome.	G	Mort de récidive.		Schultz, 36, p. 459.
22. Jordan....	Mars 93	Août 1893	M	20	Omoplate.	Chondro-sarcome.	G	9 mois après.		Haddacns. Beit. z. Klin. ch., 1887, XVIII, p. 775, cas II.
23. Quénu....	Peu avant	Juin 1895	F	22	Cicatr. deltoïde.	Sarcome.	G	?	?	Communic. pers. Morte 8 mois après, d'affection pulmonaire. — 1re opération par Duplay.

Voilà les faits : quelle doit en être la conclusion ? C'est que la désarticulation de l'épaule, pratiquée pour les tumeurs malignes de l'extrémité supérieure de l'humérus, ne donne pas contre la récidive des garanties suffisantes. On sait que les recherches de Poncet, Gross, Schwartz, ont établi que dans les ostéo-sarcomes des membres, l'amputation élevée, pratiquée sur le segment du membre supérieur à celui qui est atteint par la tumeur, fournit des résultats meilleurs au point de vue de la récidive locale que l'amputation faite au-dessous du point malade ; à l'épaule, la désarticulation est l'opération rapprochée, l'interscapulo-thoracique est l'intervention à distance.

Le nombre même des amputations de l'omoplate qui ont dû être faites pour la récidive de tumeurs de l'humérus, après la désarticulation de l'épaule, montre assez clairement l'insuffisance de celle-ci et la nécessité de lui substituer une plus large intervention.

Que doit-être cette intervention ? Quelques chirurgiens, parmi lesquels Gensoul, Daniel Gilbert, Humphry, ont ajouté à la désarticulation de l'épaule la résection plus ou moins étendue de l'angle externe de l'omoplate, cavité glénoïde, acromion, apophyse coracoïde. Cette addition ne nous paraît ajouter aucune garantie nouvelle à celles que donne la désarticulation de l'épaule ; car l'examen anatomique des cas de récidive nous montre que ce sont le plus souvent les muscles scapulaires qui ont été le siège de cette dernière et qui lui ont servi de voie de propagation.

L'ablation primitive de l'omoplate entière avec le membre supérieur, en comprenant dans les parties sacrifiées tous les muscles qui se portent de la première au second, réalise seule ces conditions de sécurité ; et pour y avoir recours, il ne faut pas attendre que les muscles en question soient manifestement envahis. La statistique de Bergmann, publiée par Nasse, nous donne à cet égard des renseignements dont il faut tenir compte :

12 fois l'amputation interscapulo-thoracique a été exécutée, jusqu'en 1893, à la Clinique chirurgicale de Berlin, pour des tumeurs malignes de l'extrémité supérieure de l'humérus ; en laissant de côté un de ces cas, suivi de mort rapide post-opératoire, 2 autres, où l'amputation de l'omoplate avait été pratiquée pour des récidives de néoplasmes traités d'abord par la désarticulation de l'épaule, et dans lesquels les opérés ont d'ailleurs succombé plus tard à la généralisation, 2 cas, enfin, trop récents pour pouvoir être utilisés à ce point de vue, cette statistique se trouve réduite à 7 cas d'amputation interscapulo-thoracique d'emblée pour des ostéo-sarcomes de l'humérus ; de ces 7 opérés, 4 présentaient au moment de l'amputation un envahissement des muscles scapulaires, ils succombèrent tous les 4 : 2 à la récidive locale, 2 à la généralisation du mal.

Les 3 derniers cas, dans lesquels les muscles de l'épaule n'étaient pas envahis, aboutirent à une guérison durable.

L'amputation interscapulo-thoracique, d'ailleurs, en ouvrant largement l'aisselle, permet de découvrir et d'enlever les engorgements ganglionnaires secondaires qui auraient pu passer inaperçus ; sans la voie ganglionnaire qu'elle ouvre aux constatations directes, Berger eût peut-être méconnu le gros paquet ganglionnaire que son 2e opéré portait dans l'aisselle et qui, avant l'opération, paraissait se confondre avec la tumeur ; or, il se composait de ganglions manifestement envahis par la métastase.

Infiniment plus radicale et plus sûre que la désarticulation de l'épaule, ne présentant pas une gravité opératoire sensiblement plus grande, dans le cas même où le volume de la tumeur rendrait celle-ci difficile et tout à fait inefficace, quels arguments reste-t-il à invoquer contre l'amputation totale du membre supérieur dans le cas de tumeurs malignes de l'humérus? On invoquera peut-être la difficulté de la prothèse et des considérations d'ordre esthétique ?

CHAPITRE III

Résultats de l'opération au point de vue de la plastique et de la prothèse chirurgicale.

Le résultat physique que donne l'amputation du membre supérieur dans la contiguïté du tronc, la déformation qu'elle laisse à sa suite, présentent quelques différences, suivant que la clavicule a été sectionnée et enlevée en grande partie au cours de l'opération, ou que l'on s'est borné à désarticuler l'omoplate dans l'articulation acromio-claviculaire et qu'on a laissé la totalité de la clavicule adhérente à la paroi thoracique.

Dans le premier cas, de beaucoup le plus fréquent, la région qui a été le siège de l'opération présente une convexité régulière ayant remplacé la saillie du moignon de l'épaule ; la partie latérale du cou se continue avec la surface bombée de la paroi thoracique, sans aucune démarcation autre que celle que détermine le relief des côtes : tout au plus, quelques bourrelets de peau, séparés par des lignes cicatricielles en rapport avec les incisions qui ont été pratiquées pour découvrir et enlever l'omoplate, et présentant encore quelques touffes des poils qui s'implantent dans le creux de l'aisselle, indiquent-ils la disposition des lambeaux et font ils reconnaître la place où le membre supérieur s'attachait au tronc.

La configuration de la région a quelque chose d'étrange et de caractéristique « on dirait d'un arbre dont une des maîtresses branches aurait été abattue au ras du tronc » (Berger) ;

la mutilation qui en résulte, quelque énorme d'ailleurs qu'elle puisse paraître, n'a rien de repoussant : la paroi thoracique, s'élargissant de haut en bas, présente la succession normale des côtes et des espaces intercostaux ; chez la femme, cette disposition est rendue plus étrange encore par le relief des seins.

Point de distinction à faire entre les amputations traumatiques et les pathologiques, entre les extirpations totales d'emblée et les réamputations ; les seules différences que l'on observe tiennent à la disposition des cicatrices, à la saillie que forment les vestiges des lambeaux, et elles ont une importance tout à fait secondaire. Les cicatrices, en effet, même si elles sont adhérentes à la cage thoracique, doivent finir par se mobiliser ; d'ailleurs, cette adhérence ne les expose pas aux ulcérations, puisque la région où elles siègent n'est pas saillante et ne jouit elle-même que d'une mobilité très restreinte ; elles ne sont donc exposées à aucune injure mécanique.

Il résulte de cette disposition que le moignon ou, tout au moins, ce qui le représente, n'est généralement le siège ni de douleur, ni même d'une vive sensibilité. L'absence de tout phénomène douloureux était fort remarquable chez le premier opéré de Berger, sur lequel, pourtant, un trajet fistuleux avait persisté pendant un temps fort long ; chez lui, pas de ces sensations subjectives de froid que l'on a indiquées comme fréquentes au moignon des gens qui ont subi la désarticulation scapulo-humérale.

La saillie même du fragment interne de la clavicule qui, dans les premiers temps, a quelquefois paru menacer la peau, s'efface complètement, cette portion d'os paraissant s'appliquer intimement contre la première côte ; dans aucune observation, il n'est fait mention de gêne ou de douleurs survenues à ce niveau à une époque éloignée de l'amputation ; à plus forte raison, ne trouvons-nous citée aucune complication tardive sérieuse telle qu'ulcération de la peau, issue ou nécrose du fragment osseux en question.

Dans un cas où Parise avait laissé dans la plaie l'angle inférieur de l'omoplate et une partie de son bord spinal, ces débris s'étaient entourés de quelques ostéophytes, et l'on pouvait, en les faisant mouvoir sur les côtes, percevoir une grosse crépitation. Nous n'indiquons ce phénomène qu'à titre de curiosité.

La configuration de la région est un peu différente lorsqu'on a ménagé la clavicule ; l'observation de Bérenger-Féraud (ostéite de l'omoplate et de l'humérus gauche) (1) en offre un exemple, unique à la vérité ; car, le seul autre cas où l'on ait laissé non seulement la totalité de cet os, mais encore l'acromion séparé du reste de l'omoplate par un trait de scie, le cas de Vincent Jackson (2), s'est terminé par la mort. Ce chirurgien, comme Bérenger-Féraud, avait été guidé par l'idée de conserver le plus possible de la saillie normale de l'épaule afin d'obtenir une moindre déformation et de garder un point d'appui pour l'application d'un appareil prothétique. Réservant pour tout à l'heure l'examen de cette dernière question, il ne nous semble pas que le premier point ait l'importance que ces auteurs lui ont donnée, ni que la conservation de la clavicule soit propre à remplir le but qu'ils se sont proposé.

L'extrémité grêle de cet os, s'élevant isolée à une assez forte distance au-dessus et en dehors de la surface régulièrement bombée de la cage thoracique, est plus propre à accentuer la difformité qu'à l'atténuer. La figure qui accompagne l'observation de Bérenger Féraud et où l'opéré est présenté de face nous montre le résultat physique sous son aspect le

---

(1) *Bulletin de Thérapeutique*, 1885, 55° année, XI et XII° livraisons, p. 490 et 552.
(2) *British medical Journal*, 1869, N. S., t. II, p. 322.

plus favorable; vue de dos ou de profil, la conformation aurait peut-être été moins régulière. On peut tout au moins le penser en regardant la représentation très fidèle que Cheselden a laissée du cas de Samuel Wood, ce meunier dont le membre supérieur avait été arraché avec l'omoplate, la clavicule restant intacte (1). Mais ce n'est pas au point de vue de la forme seulement que la conservation de la clavicule entière nous paraît peu désirable, la saillie que détermine son extrémité acromiale est une prédisposition aux lésions d'ordre mécanique qui peuvent se produire à ce niveau, aux excoriations, aux escarres, à l'ulcération produite par les pressions de toute nature qui s'exercent à cet endroit; à cet égard, la surface uniformément convexe que laisse l'ablation de la moitié externe de la clavicule nous paraît bien préférable.

A la suite de l'amputation totale du membre supérieur, on a quelquefois observé une déviation particulière de l'habitus général du corps consistant dans une incurvation du tronc en sens opposé, la colonne vertébrale ayant quelque tendance à s'infléchir vers l'épaule du côté sain, qui était abaissée; cette déformation consécutive ou plutôt cette attitude vicieuse ne se trouve mentionnée que dans trois observations, celles de Lucas-Championnière (2), de Maling (3) et de Bérenger-Féraud (4); dans celle-ci même, il est noté que le moignon de l'épaule, représenté par l'extrémité externe de la clavicule du côté où l'amputation avait eu lieu, présentait une disposition à se relever de plus en plus : le fait n'a rien qui doive surprendre, mais il n'est pas à l'avantage de la pratique qui con-

---

(1) W. Cheselden. *The anatomy of the human body*, 1768, pl. XXXVIII, p. 321.
(2) *Revue de chirurgie*, 1886, VIe année, n° 6, p. 529.
(3) *British medical Journal*, 11 décembre 1886, vol. II, p. 1161.
(4) In *loco citato*.

siste à laisser intacte la clavicule ; on conçoit aisément que cet os, entraîné par la puissance des muscles élévateurs, qui n'est plus balancée par le poids du membre, cède à l'action du sterno-cléido-mastoïdien, du cléido-hyoïdien et du trapèze.

Quant à l'incurvation du tronc observée par Lucas-Championnière et Bérenger-Féraud, si elle a été figurée dans le dessin qui accompagne l'observation de Maling, elle ne se trouve mentionnée dans aucun autre cas. Parise dit expressément que celui de ses opérés qu'il a pu revoir plus de 25 ans après l'amputation tenait la tête bien droite, sans inclinaison, ni rotation. Les figures qui accompagnent les observations de Jessop (1), de Watson (2), de Jeafferson (3), ne semblent accuser aucune déviation semblable. Dans le premier cas de Berger, le malade, dont le corps était fortement entraîné du côté droit par l'énorme poids (33 livres) de la tumeur qu'il portait, et dont l'épaule droite, où elle siégeait, était extrêmement abaissée, se redressa complètement après l'opération, sans que, pendant le temps assez long durant lequel on a pu le suivre, on n'ait jamais surpris une incurvation du tronc en sens opposé. Il serait intéressant de savoir ce que sont devenus, à ce point de vue, les opérés dont un certain nombre n'avaient pas encore atteint l'âge de l'arrêt définitif de la croissance au moment où ils ont subi l'amputation ; mais les observations manquent de détails éloignés et ne renferment aucun document sur ce point particulier. Quoi qu'il en soit, si cette déviation a paru parfois se produire dans les premiers temps après l'opération, elle a été promptement corrigée par l'application des appareils prothétiques, dont l'action en pareille matière a été en quelque

---

(1) *British medical Journal*, 1874, t. I, 3 janvier, p. 12.
(2) *British medical Journal*, 1869, N. S., t. II, p. 322.
(3) *The Lancet*, 1874, vol. I, p. 759.

sorte celle d'un contrepoids rétablissant l'équilibre de la colonne vertébrale et du tronc.

Il ne nous reste plus à envisager que la part dans laquelle la prothèse peut atténuer la perte du membre et examiner les conditions où la mutilation subie a laissé le sujet au point de vue de la pose et de l'utilisation d'un membre artificiel.

Il n'est évidemment pas question d'appliquer ici un appareil doué de mouvements autonomes; toute la mobilité dont celui-ci peut disposer doit être soumise à l'action immédiate du membre sain; les déplacements soit de l'épaule, du coude, du poignet, des doigts, jusqu'à la position de l'avant-bras artificiel en pronation ou en supination, seront toujours communiqués directement par la seule main que l'opéré possède, et ce ne sera qu'au niveau de l'articulation du pouce avec la main, qu'un système de charnière à ressort permettra d'établir une sorte de pince élastique capable de fixer et de retenir de menus objets. Partout, du reste, les articulations de l'appareil pourront être maintenues mobiles ou fixées à volonté dans une position déterminée par l'action de verrous. Avant d'indiquer sommairement le principe d'après lequel est construit le membre artificiel et les services que l'opéré peut en attendre, nous ferons dès à présent observer qu'à cet égard, il n'est guère de différence entre les conditions où s'exerce la prothèse à la suite de l'amputation du membre supérieur, omoplate et clavicule comprises et celles où l'on se trouve après la désarticulation de l'épaule. Le seul avantage réel que possède cette dernière opération est de laisser un moignon d'épaule doué de mouvements d'élévation, de translation en avant et en arrière; mais ces mouvements, souvent limités par la disposition de la cicatrice, ne peuvent, le plus souvent, agir efficacement que si un mouvement de la totalité du tronc vient s'y adjoindre : le désavantage que présentent à ce point de vue les sujets qui ont perdu la totalité du membre est donc peu marqué.

4

Le point d'appui et le mode de fixation du membre artificiel sont facilement établis par une cuirasse moulée qui embrasse la partie supérieure du tronc en laissant libres le cou et le membre sain. Le bras artificiel est rattaché à ce support fixe par une tige en acier munie d'une articulation au niveau de l'épaule.

Cette cuirasse, non seulement ne gêne les mouvements ni de la tête ni du bras valide, mais elle n'exerce sur la poitrine aucune pression pénible pour les fonctions de la cage thoracique, même dans les efforts. Le membre artificiel est, de la sorte, maintenu en place aussi solidement que celui que l'on adapte à la suite des désarticulations scapulo-humérales, malgré le défaut du support qui résulte de l'absence de l'omoplate et de la clavicule.

La cuirasse est en cuir durci, exactement moulée sur la poitrine, laissant passer l'épaule du côté sain et s'appuyant largement sur le côté opposé de la poitrine et jusque sur la cicatrice résultant de l'opération par un coussin ou une garniture capitonnée, dont elle est intérieurement pourvue de ce côté. Ce corset est maintenu par des boucles ou des lacets qui se fixent sur la poitrine. Sur l'épaule, du côté du membre absent, est solidement fixée une armature en acier, à laquelle le membre artificiel se rattache par une articulation qui permet de lui communiquer quelques mouvements en avant, en arrière et même en dehors.

Une sangle élastique fixe la partie supérieure du bras artificiel au corset de cuir et ramène le membre contre le tronc quand il en a été écarté. Le bras et l'avant-bras sont en cuir durci, fortifié par des tiges légères en acier ; celles-ci sont articulées au niveau du coude, de manière à permettre la flexion et l'extension ; cette articulation peut être fixée à volonté par un verrou.

En outre, au-dessus de l'articulation du coude, la rotation

du bras artificiel autour de son axe longitudinal est permise par l'emboîtement de deux cylindres qui composent ce segment du membre ; une semblable disposition existe également à l'avant-bras, de telle sorte que la rotation du bras, l'adduction et l'abduction de l'avant-bras se produisent, que, par la rotation imprimée à l'avant-bras, la pronation et la supination peuvent être obtenues. Au niveau du poignet, un léger mouvement de flexion est encore possible ; enfin, le membre se termine par une main dont les quatre doigts à demi-recourbés sont opposés au pouce, qui est articulé et maintenu fixé contre eux par la pression d'un ressort.

Pour permettre à l'opéré d'écarter le pouce des doigts, on a imaginé de fixer à ce pouce une corde à boyau qui, se réfléchissant sur une série de poulies de renvoi situées à l'intérieur du membre artificiel, passant obliquement derrière le dos de la cuirasse, va aboutir à une brassière que porte le bras sain. Un mouvement d'abduction de ce bras détermine l'écartement du pouce, des quatre doigts, au contact desquels il revient sous l'influence du ressort lorsque cette traction cesse. Ce mouvement du pouce peut d'ailleurs s'exécuter quel que soit le degré de flexion de l'appareil au niveau du coude.

Dans d'autres appareils, la manœuvre du pouce par ce mécanisme a été supprimée. La cuirasse a été également simplifiée ; elle est remplacée par une camisole en toile, solidement maintenue avec des boucles, et sur laquelle se fixe avec un lacet une armature en cuir, sorte de demi-cuirasse, moulée sur le côté de la poitrine qui est dépourvu de membre ; cette armature en cuir supporte le membre prothétique.

L'appareil ainsi disposé répond à une triple indication : il restaure très suffisamment la forme et masque entièrement la mutilation ; il rétablit l'équilibre du tronc et combat avec avantage la tendance à l'incurvation qui menace parfois de s'y manifester ; enfin, grâce à lui, les opérés peuvent saisir et supporter des objets même assez pesants et non seulement pourvoir à la plupart des usages ordinaires de la vie, mais vaquer aux soins domestiques, ou même se livrer à quelques travaux professionnels qui n'exigent du membre en question qu'un degré restreint de force et de dextérité.

CONCLUSIONS

I. — L'amputation interscapulo-thoracique doit être de règle dans les tumeurs malignes de l'extrémité supérieure de l'humérus, dans celles qui, en raison de leur volume, de leur propagation aux muscles scapulaires ou à l'omoplate, ne sauraient relever de la désarticulation scapulo-humérale ; les ostéites occupant à la fois l'omoplate et l'humérus nécessitent également l'opération.

Toutefois, la certitude d'enlever tout le mal et un degré suffisant de résistance chez le malade doivent guider le chirurgien avant tout.

II. — Les principaux dangers auxquels notre amputation expose, l'hémorragie artérielle et l'entrée de l'air dans les veines, seront prévenues, dans la majorité des cas, par la ligature de l'artère et de la veine principales du membre pratiquée dès le début de l'opération (procédé Berger-Farabeuf). La fièvre traumatique grave, l'infection purulente, la septicémie à marche rapide ou lente, seront exclues par l'emploi rigoureux de la méthode antiseptique. Le shock même que détermine l'opération n'est pas en rapport avec l'étendue de l'énorme mutilation qu'elle entraîne ; il est plutôt la conséquence d'accidents opératoires, plus souvent encore il dépend de la débilitation antérieure du sujet par la lésion pathologique dont il est porteur.

III. — Pratiquée d'emblée, l'amputation interscapulo-thoracique est une opération efficace (33 o|o de guérisons durables).

IV. — La prothèse atténue dans des conditions aussi satisfaisantes que possible la privation du membre ; elle rétablit chez l'amputé la plastique du corps et lui permet certaines occupations de la vie journalière.

INDEX BIBLIOGRAPHIQUE.

Samuel D. Gross. — A system of surgery, Philadelphie, 1872, vol. II, p. 1113.

Von Adelmann. — Zur Geschichte und Statistik der totalen Entfernung des Schulterblattes. Congrès des chirurgiens allemands, 7° congrès, 4° séance, 13 avril 1878. — Verhandlungen der Deutschen Gesellschaft für Chirurgie, Berlin, 1878, 7° congrès, 1re partie, p. 137.

J. Chauvel. — Omoplate (article), Dictionnaire encyclopédique des sciences médicales, 2° série, t. XV, 1re partie, p. 269.

Th. Gies. — Beiträge zu den Operationen an der Scapula. — Deutsche Zeitschrift für Chirurgie, 1880, XII Bd, p. 531.

Louis Sambucy — De l'ablation totale du membre supérieur (avec l'omoplate). — Thèse inaug, Paris, 1883, n° 36.

Ollier. — Communication à la *Société de Médecine de Lyon*, séance du 15 décembre 1884 ; — *Lyon Médical*, 1885, n° 5, 1er février, p. 158.

Bérenger-Féraud. — Étude sur l'amputation du bras avec ablation totale de l'omoplate. — *Bulletin général de Thérapeutique*, 1885, 55° année, XI et XII livraisons, p. 490 et 552.

Chalot. — Nouveaux éléments de chirurgie opératoire, Paris, 1886, p. 411.

Paul Berger — Amputation du membre supérieur dans la contiguïté du tronc ; procédé opératoire. — Congrès de chirurgie de Paris, séance du 20 octobre 1886.

G. Adelmann. — Die operative Entfernung des Knochernen Brustgürtels. — Arch. f. Klin. Chirurgie; 1898, t. XXXVII, 681.

Bramesfeld. — Ueber einige Fälle von Schulterextirpation. Inaug. Diss., Berlin, 1888.

Finkelstein. — Ueber ein Fall von Extirpation des Brustgürtels nach einer neuen Methode. Inaug. Diss., Berlin, 1889.

R. Neubeck. — Zur Casuistik der Exarticulation von Humerus und Scapula wegen maligner Neubildung. Inaug. Diss., Berlin, 1892.

D. Nasse. — Sarkome der lange Extremitätenknochen. Arch. f. Klin. Chirurgie, t. XXXIX, 909.

— Die Extirpation der Schulter und ihre Bedentung, für die Behandlung der Sarkome des Humerus. Sammlung Klin. Vorträge, n. s., n° 86, 1893.

Th. Franck. — Ueber die Abtragung der oberen Extremitätsamm der Scapula amputatio interscapulothoracica nach P. Berger. Inaug. Diss., Greifswald, 1895.

W. Schultz. — Zur Statistik der totalen Entfernung des Schulterblattes. Deutsche Zeitschr. f. Chirurgie, 1896, t. XLIII, 443.

R. Wanach. — Ein Fall von Entfernung des Schultergürtel wegen Sarcom. — *Saint-Petersburg med. Wochenschrift,* 1897, n° 23, 215.

Berger. — *Presse Médicale,* 13 juin 1897.

Barling. — *Clinical Soc. of London,* 25 mars 1898. — *British med. Journal,* 1898, t. I, 882, 2 avril.

Berger. — *Semaine médicale,* 19 octobre 1898, p. 423.

Posadas. — *Revue de Chirurgie,* octobre 1898.

www.ingramcontent.com/pod-product-compliance
Lightning Source LLC
LaVergne TN
LVHW021701080426
835510LV00011B/1525